Thomas Schafferer

25
Poems
Gedichte
Poèmes
Poesie
Poemas

Thomas Schafferer

25
Poems
Gedichte
Poèmes
Poesie
Poemas

Edition BAES

Bibliographische Informationen der Deutschen Bibliothek:
Die Deutsche Bibliothek verzeichnet diese Publikation in der
Deutschen Nationalbibliographie; detaillierte bibliographische
Daten sind im Internet unter http://dnb.ddb.de abrufbar.

25 Poems, Gedichte, Poèmes, Poesie, Poemas.

© Texte/Zusammenstellung bei Thomas Schafferer

Verlag:
Edition BAES
Am Weingarten 15
A-6170 Zirl
www.edition-baes.com

Danke an die Herausgeberin: Maria Schätzer

Danke an die ÜbersetzerInnen: Hervé Allenou (Französisch),
Carmen Drixler (Englisch), Irene Jiménez Alonso (Spanisch), Nicola
Camillo Menna (Italienisch), Wolfgang Nöckler (Italienisch)

Danke an die KorrekturleserInnen: Myriam Antinori, Javier Correa,
Sandra Dessi, David Fernández Viraz, Anja Larch, Silvia Müller,
Emilia Ongaretto-Furxer, Tanja Pidot, Christine & Verena Schafferer,
Maria Schätzer, Sandrine Thinnes, Oscar Thomas-Olalde, Peter
Wallgram

Gestaltung/Satz: Kulturrebellen Productions
Umschlagfoto (Golfo del Tigullio / Liguria): Thomas Schafferer
Porträtfotos des Autors: W9 / Mario Webhofer, außer
S. 133 (Liguria): Kulturrebellen Productions
MitarbeiterInnenfotos: Privat
Druck/Herstellung: Books on Demand GmbH, Norderstedt
Erscheinungsort und -jahr: Zirl 2017
Seitenanzahl: 168

Paperback: ISBN 978-3-9504419-0-1
E-Book: ISBN 978-3-9504419-1-8

25 Poems

Gedichte
Poèmes
Poesie
Poemas

Preface

Regardless of how wide the world that surrounds us may be, it exists in all its enormous immensity and magnificence in ourselves as well. Like a mirror of all forms and colours, the inner world of thoughts and emotions is revealed by traveling the exterior. Thomas Schafferer's sensual language of concentrated liveliness makes the diverse landscapes not only walkable but perceptible, even experienceable. His lyrical journey through the world provokes an immersion into undreamt-of inner depths. A perspective related to the philosophy of life opens up and allows the seen and the experienced to be reflected.

On September 9, 1992, the Austrian author Thomas Schafferer wrote his first poems after a warming summer in Liguria (Italy) during a crisis period. Since then, several thousand poems were created, around two thousand of them have already been published in eleven volumes of poetry by various publishing companies.

The texts and their selection, which involved much love and time, are as a whole committed to the beauty, the wounds and the wonders of life. For life never ceases to sway us in the course of events and to lead us on to new paths – be it inner or outer ones.

Maria Schätzer
Editor

(river) flow of things

when will i in the dusty dead ends
of discouragement, in the
shivering mortuary of lifelessness
come back to my senses, to
finally calmly beat the
unconsciousness, to let it dry out
to sink the pain, the desolating
dull hours in velvety red sunrises
to let it drown and to ultimately
arise in the river, in the flow
of things

out of the dark forest

during the first third of our life
stepped out of the dark forest
as the night started the new
day, in the shadow of the light
where the monstrous creatures
stared and grinned, laughed at
you or soft-soaped you honey
around your mouth, until your
lips stuck together and you
had nothing more to say, on
the bleak meadows of the
suburb, where the landing
was hard, for you and for us

dreamlike figures

i am that dreamlike figure
that enters the room, when you soundly sleep
already, that snuggles up to you in the warm
bed, that kisses you on the cheek and falls
asleep next to you

you are that dreamlike figure
that gets up early in the morning, that hugs
me, kisses me, that leaves the twilight room
and leaves me briefly behind awake, before
i fall back asleep

cold house / warm bed

cold coffee in a cold house in a cold
countryside, coming to terms with
the past, archiving past words
storing past things, making them
accessible, working the day, the
evening, the night, until morning
pours itself watering over a body
and leaves it behind purified in a
warm bed with a fiery heart in a
hot sun life

(mood) landscape

in the mood to behold the landscape
to imagine where in forests and
why in the lonely wilderness little
walls were built, where the secret
lines of defence have buried
themselves in the ground, where
the underground passageways
from the middle ages run along
where caves and mines hide in
dense coniferous forests, on steep
mountain slopes, where hidden
treasures slumber beneath
the undergrowth

millions of years ago

sharply like shark teeth
the white mountain ribs
bite themselves out of
the juicy springtime
green of the last april
days into the
understanding, that
all this will always be
part of my origin, of
my present future, of
my future present
because it has scraped
deep canyons into me
millions of years ago

the poetic batteries

sometimes it is good to leave
home pastures, to animate
new ground, to tickle the
world with one's own
emotional peaks of thought
to inspire with one's own
lunatic joking thoughts, that
warm up and explore
landscapes, to energetically
recharge, to refill the poetic
batteries with encounters
stories and impressive
sensorial perceptions

electric

the church in front of the window in the landscape
the neighbourhood dogs meet at night to bark
brown expanse, white housings, powered poles
donkeys pull upwards on the streets, past them
people have buried themselves in sandy caves
blocked, distant, near lights, cubic forms
experimental, the horse alone on the dry field
resigning, above white city of houses connected
walls, delicate, clarity structured, drinking
french water, gently gliding into the mental
state of freedom, looking at white-blue chapels
when we wake surrounded by wooden brown
tree trunks, power cable systems, in between dogs
barking in the chirping of cicadas, somewhere

camargue

84 flying, rose pink flamingos, 963 trillions of
winter white salt grains, 12 flamenco dancing
flies, 45 munching, corpulent bulls, 1 owl
6 gutted caravans, 17 water stepping ducks
605 camouflaged ornithologists holding
binoculars, 1 rat, 338 evil-looking seagulls
19 white-painted horses, 5 spindly herons
117840 swinging reed stalks, 2 crabs lying
on their backs, 7 hopping, black and white
magpies, 543 millions of grey-brown grass
tufts, 1 donkey, 3 sailing falcons, 407
quadrillions of ocean-forming water drops
1 mosquito in the car and the two of us
next to it in the roadside ditch

stranded goods

and i breathe the land deeply into me, fill my
inner being with emotions, colours, scents, i soak
the land deeply into myself, fill blanks
with impressions, images, moments, swap
the consumed with the unknown, new, wide, the
inner with the outer, with real decorations
reviving, strengthening, refreshing, fill my soul
with colours, richness, diversity, like the sea
absorbs all the rivers, all the life, waste, the world
i absorb new ground, new visions
new views, collect them within me, stockpile
and duplicate them, dam them until they want to
pour out of me plentifully, like the
sea emits a lot of its own, places it on its shores
i let all this drift out of me towards new shores
let it flow into words, colours, abstract figures
wash ashore, push out, changed
into this world, flood towards new shores, like
the sea gathers together on its beaches
the things that were thrown into it, until
eventually the waves withdraw and leave behind
only the stranded goods

the doctor of tínos drowns
the big snake and the
streets of the holy island
are not yet heavy with
incense, pilgrimaged
when exóbourgo in wafts
of mist looks over
pigeon-towered
hillsides and a red
tin box jolts across the
lunar landscape
to the marble villages
in the time of the etesians
across the brown burned
terraced sand landscape
down to pachiá ámmos
with two people on
board who approach
slowly slowly the state
of happiness while aíolos
the god of winds
sits them in the neck
on his home island
somewhere in the
plastic-bottled sea

olive trees

roundly shaped hillsides glide into each other
the gravel roads lonely untraveled
rooted tightly grown olive tree
ancient spirit leaves cautiously at rest
roots in the maquis scrubland clay soil
rusty brown they blur the land

stone walls around ancient monastery sections
barking of dogs at the wrought-iron gates
round arches towards the sanctum golden

skies cover the gentle land with calm
fig trees between bluish beehives
white cubic houses some of them greyish
olive trees keep the landscape open
pull it into harmonious units but
pointed cypress trees are loners

of freedom

freedom which
is meant
for the spirit
flying high
above
the turquoise
blue dark white
waved cliffs
freedom
the truth and
life

confessions of liveliness

thousands and thousands of poems
paint out of me, like pictures putty
them out of me, let year after year
decade after decade drip from the
sea of memories, sketching stories
out of life, transforming
translating impressions artfully
into universally valid expressions
realizations, testimonies
that might achieve significance
with time and time and time and
will hang in the galleries, in the
museums, no longer ignored, as
confessions of liveliness

language fetishism

unconstructed, frontal, only
sometimes darting sideways
writing three-dimensional
vivid texts which
emotionalize, which carry
messages within them
moods, not too much
committed to the language
to the language fetishism
the thoughts without frills
which move the worlds of
emotion, directly from my
inner being to the outside
world, into the inner worlds
of the others, without
detours, straight on, into the
centre of thought, into the
heart of emotions

thicket of my words

where i want to get to
is obvious and clear
to find between the
lines, in the abysses
along the description
of the everyday life
on the hilltops of the
landscapes, in the
thicket of my words

northern land forests

birch after conifer after undergrowth
birch after birch after birch after birch
after birch

birch after conifer after undergrowth
conifer after conifer after
conifer

birch after conifer after undergrowth
undergrowth after undergrowth after
undergrowth after undergrowth

birch after conifer after undergrowth
after water, after polished rock, after
sky

birch after conifer after undergrowth
after meadows, after farmlands, after
fields

there is not much more to report on
or to write poetry about, when one
rides

through the northern land forests
and it is good
just as it is

from one to another

does change
develop
further or
backwards
does change
happen
suddenly
does it throw
all that has
been
overboard or
does it flow
from one
to another

the disillusionment

and some day
every place
loses appeal
every
landscape its
atmosphere
every idyll
its loveliness
and its charm
loses the
illusion its
foundation

mercury

the people are beige, white, bald, the land
is darkened in black and dull, poison
stinks from the chimneys, rips living
things out of their state of being

grey dawning leads to resignation
because much is lacking, in a land
where mercury coughs out of the
water pipes

innocence back

give me back the innocence
to see everything with
unblurred eyes, without the
lingering bitter, burning
aftertaste, only perceiving
the mild, soft, sweet with
the eyes, with the senses
of the early youth, minding
the normal, not searching
for the extreme, grey
alluring, perceiving only
what is there, experience it
in its present beauty, the
innocence, give it back
to me

hermit crab in a snail shell

like a hermit crab in its house, i lie
wrapped in a fatty, greasy, frayed
sheet, this moment seems like a
weekend in its gentle lightness
falling asleep in the afternoon
in the middle of a week, a person
tells me that the chance of a rain
shower would only be between
twenty and thirty percent, a
summer is apparently not a
summer anymore, a winter it is
sleep from afternoon to afternoon
a few hours, for one finds sleep
at night, only for five hours
apparently no strength anymore
drained, no more strength to
go out, to step out, to shout out
into the world, only strength to
get up to work, to fall asleep
gently in a soft wrapping
withdrawn in my snail shell

black circle

that surrounds me with misery and dirt
want to tear up the bond that ties me
break out of the bleak grey life and
free myself from the grime

diving into turquoise blue water
avoiding the shadows, not the sun
to see the sky, white transparent life
and floating further into the colour

of the flower meadows, into the world
of laughter, of speaking the good, of
loving, to recognize divinity once
more in the colourful life, happy

world (not one's own)

there, comfortable, but
not entirely, there
where the world is not
one's own, there, where
one feels mostly
displaced and alienated
there, where sadness
finds itself in the
longing for a home
a home of protection
a home of the same
language, a home of
the people who live
in a confined space
between the mountains
and who get more or
less along with each
other

love this blue planet

leave the landscape
say goodbye with the
promise to return
would have given much
to be able to stay, to
stay for weeks, days
not having to return
home, leaving people
see the landscape
with the eyes of love
not of hate, look at the
land, at its people, at
everything and say:
i love it, i love it all
i love this blue planet
i love to live

Biography of the author

Thomas Schafferer (born 1973), poet and (travel) writer, inspiring and touching live performer, conceptual and multimedia artist, painter, publisher and creative mind behind the Tyrolian literary magazine Cognac & Biskotten (www.cobi.at), first winner of the Arthur Haidl Prize of the city of Innsbruck in 2004, striker (since the foundation in 2006) in the Austrian authors' national football team, member of the Austrian writers' association GAV and the Community of Interests of Austrian Authors. Countless different kinds of smaller and larger projects, publications (i.a. 12 books), readings, workshops, performances or exhibitions in Austria and in Europe. He lives mainly in Innsbruck / Tyrol.

More information: www.schafferer.net

25
Poems
Gedichte
Poèmes
Poesie
Poemas

Vorwort

Ungeachtet dessen, wie weit die Welt, die uns
umgibt, auch sein mag, sie existiert in all ihrer
enormen Größe und Pracht auch in uns. Wie ein
Spiegel aller Formen und Farben offenbart sich die
innere Gedanken- und Gefühlswelt im Bereisen des
Außen. Thomas Schafferers sinnliche Sprache einer
geballten Lebendigkeit macht die vielseitigen
Landschaften nicht nur begehbar sondern
empfindbar, ja erlebbar. Seine lyrische Reise durch
die Welt provoziert ein Abtauchen in ungeahnte
innere Tiefen. Eine lebensphilosophische
Perspektive tut sich auf und macht Gesehenes und
Erfahrenes reflektierbar.

Am 9. September 1992 schrieb der österreichische
Autor Thomas Schafferer nach einem wärmenden
Sommer in Ligurien (Italien) in einer krisenhaften
Zeit seine ersten Gedichte. Seither sind mehrere
tausend entstanden, rund zweitausend davon
wurden bereits in elf Gedichtbänden in
verschiedenen Verlagen veröffentlicht. Zum 25.
Geburtstag wurden nun aus den bisher publizierten
poetischen Werken des Autors 25 Gedichte von mir
ausgewählt und thematisch neu zusammengestellt.

Die Texte und ihre mit viel Liebe und Zeit
verbundene Auswahl sind in ihrer Gesamtheit der
Schönheit, den Wunden und den Wundern des
Lebens verpflichtet. Denn das Leben hört niemals
auf uns im Lauf der Dinge zu wiegen und auf
immer neue Wege zu leiten – seien es innere oder
äußere.

Maria Schätzer
Herausgeberin

flusslauf der dinge

wann werde ich wieder in den
staubigen sackgassen der
mutlosigkeit, im fröstelnden
leichenhaus der leblosigkeit
zur besinnung kommen, um
endlich besonnen, die
besinnungslosigkeit zu
besiegen, versiegen zu
lassen, um den schmerz, die
trostlosen, stumpfsinnigen
stunden in samtroten
sonnenaufgängen zu
versenken, untergehen zu
lassen und im flusslauf der
dinge endlich wieder
aufzutauchen

aus dem dunklen wald

im ersten drittel unseres lebens
aus dem dunklen wald getreten
als die nacht den neuen tag
beginnen ließ, im schatten
des lichtes, wo die monströsen
gestalten starrten und grinsten
dich auslachten oder dir honig
um den mund schmierten, bis
er verklebte und du nichts mehr
zu sagen hattest, auf den kahlen
wiesen der vorstadt, wo das
landen hart war, für dich und
für uns

traumgestalten

ich bin jene traumgestalt
die das zimmer betritt, wenn du schon tief
schläfst, die sich an dich drückt im warmen bett
die dich auf die wange küsst und neben dir einschläft

du bist jene traumgestalt
die frühmorgens aufsteht, die mich umarmt
mich küsst, die aus dem halbhellen zimmer geht und
mich kurz wach zurücklässt, bevor ich wieder einschlafe

kalten haus / warmen bett

kalten kaffee in einem kalten haus in einer kalten
landschaft, vergangenheit aufarbeiten, vergangene
worte archivieren, vergangenes verstauen, angreifbar
machen, den tag, den abend, die nacht arbeiten bis
der morgen sich wässrig über einen körper leert und
ihn gereinigt zurücklässt in einem warmen bett mit
einem feurigen herzen in einem heißen sonnenleben

lust landschaft

und habe lust landschaft zu betrachten
mir in gedanken vorzustellen wo in
wäldern und warum mäuerchen in
einsamer wildnis errichtet wurden, wo
die geheimen verteidigungslinien sich
im erdboden vergraben haben, wo die
unterirdischen gänge aus dem
mittelalter verlaufen, wo höhlen und
bergwerke sich verstecken, in dichten
nadelwäldern, an steilen berghängen
wo unter gestrüpp verborgen schätze
schlummern

vor millionen von jahren

haifischzahnscharf beißen sich
die weißen bergrippen aus
dem saftvollen frühlingsgrün
der letzten apriltage in das
verstehen, dass dies alles
immer teil meiner herkunft
meiner gegenwärtigen zukunft
meiner zukünftigen gegenwart
sein wird, weil es tiefe
schluchten in mich geschürft
hat, vor millionen von jahren

die poetischen akkus

manchmal ist es gut fortzugehen aus
vertrauten gefilden, um neuland zu
beseelen, mit eigenen emotionalen
gedankenspitzen die welt zu kitzeln
zu inspirieren mit eigenen
wahnwitzigen gedankenspäßen, die
landschaften erwärmen, erkunden
um wieder energetisch aufzuladen
die poetischen akkus wieder zu
füllen mit begegnungen
geschichten und eindrücklichen
sinnesempfindungen

electric

die kirche vor dem fenster in der landschaft
die nachbarshunde treffen sich nächtlich zum gebell
braune weite, weiße behausungen, stromige masten
esel ziehen auf den straßen hinauf, vorbei daran
menschen haben sich in sandige höhlen vergraben
verbaut, ferne, nahe lichter, kubische formen
experimentell, das pferd alleine am trockenen acker
resignierend, oben weiße häuserstadt verbunden
mauern, zart, klarheit strukturiert, trinken
französisches wasser, gleiten sanft in die seelische
freiheitsstimmung, blicken auf weißblaue kapellen
wenn wir erwachen umgeben von holzbraunen
stämmen, stromkabelnetze, zwischendrin
hundegebell im zirpenzirpen irgendwo

camargue

84 fliegende, rosarote flamingos, 963 billionen
winterweiße salzkörner, 12 flamenco
tanzende fliegen, 45 mampfende, korpulente
stiere, 1 eule, 6 ausgeschlachtete wohnwägen
17 wassertretende enten, 605 getarnte
fernglashaltende ornithologen, 1 ratte, 338
böse schauende möwen, 19 weißgetünchte
pferde, 5 spindeldürre reiher, 117840
schwingende schilfhalme, 2 am rücken
liegende krebse, 7 hüpfende, schwarzweiße
elstern, 543 millionen graubraune grasbüschel
1 esel, 3 segelnde falken, 407 billiarden
meerbildende wassertropfen, 1 mücke im
wagen und wir zwei daneben
im straßengraben

strandgut

und atme das land tief in mich hinein, fülle mein
inneres mit gefühlen, farben, gerüchen, sauge
das land tief in mein innerstes, fülle leerstellen
mit eindrücken, bildern, momenten, tausche
verbrauchtes mit ungekannt, neu, weitem, das
innere mit äußerem, mit realen verzierungen
belebend, bekräftigend, erfrischend, erfülle
meine seele mit farben, reichtum, vielfalt, wie
die see alle flüsse, alles leben, abfall, die welt
aufnimmt, nehme ich neuland, neue anblicke
neue aussichten auf, sammle sie in mir, horte
und vervielfältige sie, staue sie auf bis sie reich
vorhanden aus mir strömen wollen, wie das
meer vieles von sich abgibt, an seine ufer legt
lasse ich all dies aus mir an neue ufer treiben
lasse es in worten, farben, abstrakten gestalten
fließen, schwemmen, herausdrängen, verändert
in diese welt, an neue ufer fluten, wie das meer
hineingeworfenes wieder vor seinen stränden
zusammenträgt, bis irgendwann sich die wellen
zurückziehen und nur mehr zurückbleibt, das
strandgut

der arzt von tínos ertränkt
die große schlange und die
straßen der heiligen insel
sind noch nicht weihrauch
geschwängert, verpilgert
wenn exóbourgo nebel
schwadend über
taubenbetürmte hänge
blickt und eine
rote blechkiste durch die
mondlandschaft zu den
marmordörfern holpert
in der zeit der meltémi
durch die braungebrannte
terrassierte sandlandschaft
hinunter zur pachiá ámmos
mit zwei menschen an bord
die sich langsam langsam
an das glücklichwerden
herantasten während ihnen
aíolos der gott des windes
im nacken sitzt auf seinem
heimateiland irgendwo
im plastikverflaschten meer

olivenbäume

rundlich gleiten hügelhänge ineinander
die schotterstraße einsam unbefahren
verwurzelt engverwachsen olivenbaum
uralter geist blätter bedacht ruhend
wurzeln in der macchie erdlehme
rostbräunlich verwischen sie das land

steinmauern um uralte klostertrakte
hundegebell an den schmiedeeisernen toren
rundbögen die zum allerheiligsten golden

himmel ziehen ruhe über das sanfte land
feigenbäume zwischen bläulich bienenstöcken
weiße quaderhäuser manch eines gräulich
olivenbäume halten das landesbild offen
ziehen es in harmonische einheiten doch
zypressenspitzgewächse sind einzelgänger

von freiheit

freiheit die gemeint dem geiste
weit über dem türkis fliegend
blaudunkel weißverwellte klippen
freiheit die wahrheit und leben

bekenntnisse der lebendigkeit

tausende, abertausende gedichte aus mir
pinseln, wie bilder aus mir spachteln
jahr für jahr, jahrzehnt um jahrzehnt aus
dem meer der erinnerungen tropfen
lassen, geschichten aus dem leben
skizzieren, eindrücke transformieren
artifizieren zu allgemeingültigen
ausdrücken, erkenntnissen, zeugnissen
die mit der zeit und der zeit und der
zeit vielleicht bedeutung erlangen und
in den galerien, in den museen hängen
werden, nicht mehr ignorierbar, als
bekenntnisse der lebendigkeit

sprachfetischismus

unkonstruiert, frontal, nur
manchmal haken schlagend
plastische, lebendige texte
schreiben, die emotionalisieren
die botschaften in sich tragen
stimmungen, nicht zu sehr der
sprache, dem sprachfetischismus
verpflichtet, schnörkellos die
gedanken, die gefühlswelten
bewegen, direkt von meinem
inneren in die außenwelt, in
die innenwelten der anderen
umweglos, geradeaus, in das
zentrum des denkens, in das
herz der emotionen

dickicht meiner worte

worauf ich hinaus will
ist offensichtlich und
klar zwischen den
zeilen, in den
abgründen zu finden
entlang der
beschreibung von
alltäglichem, an den
kuppen der
landschaften, im
dickicht meiner worte

nordlandwälder

birke um nadelbaum um gestrüpp
birke um birke um birke um birke um birke

birke um nadelbaum um gestrüpp
nadelbaum um nadelbaum um nadelbaum

birke um nadelbaum um gestrüpp
gestrüpp um gestrüpp um gestrüpp um gestrüpp

birke um nadelbaum um gestrüpp
um wasser, um geschliffenen fels, um himmel

birke um nadelbaum um gestrüpp
um wiesen, um äcker, um felder

über viel mehr gibt es nicht zu berichten oder
darüber zu dichten, wenn man fährt

durch die nordlandwälder und es ist
gut so, wie es ist

vom einen ins andere

entwickelt sich
veränderung
weiter oder zurück
geschieht
veränderung
schlagartig, wirft
sie alles gewesene
über bord oder
fließt sie vom einen
ins andere

die ernüchterung

und irgendwann verliert
jeder ort an reiz
jede landschaft ihre
atmosphäre, jede idylle
ihre lieblichkeit und
ihren charme, verliert
die illusion ihr fundament

quecksilber

die menschen sind beige, weiß, kahl
das land schwarzdumpf verdüstert
aus den schloten stinkt das gift, reißt
lebewesen aus dem seinszustand

graues grauen lässt resignieren
denn es fehlt an vielem, in einem
land, in dem quecksilber aus den
wasserleitungen hustet

unschuld zurück

gebt mir die unschuld zurück
alles mit ungetrübten augen zu sehen
ohne den bitteren, brennenden
nachgeschmack, nur mildes, sanft
süßes wahrnehmen mit den augen
den sinnen der frühen jugend, das
normale achtend, nicht das extreme
grau reizende suchend, nur das
wahrnehmen, was vorhanden ist
in seiner momentanen schönheit
erleben, die unschuld, gebt sie
mir zurück

einsiedlerkrebs im schneckenhaus

wie ein einsiedlerkrebs in seinem haus
liege ich in ein speckiges, fettiges
verschlissenes laken gehüllt, wie ein
wochenende in seiner sanften
leichtigkeit scheint dieser moment, im
fort entschlafen, nachmittags, inmitten
einer woche, ein mensch spricht davon
dass die wahrscheinlichkeit eines
regenschauers nur zwischen zwanzig
und dreißig prozent liegen würde, ein
sommer ist scheinbar kein sommer
mehr, ein winter ist er, schlafe von
nachmittag zu nachmittag, wenige
stunden, denn nachts wird schlaf
gefunden, nur für fünf stunden, keine
kraft mehr anscheinend, ausgelaugt
keine kraft um hinauszugehen, um
hinauszuschreiten, hinauszuschreien
in die welt, nur kraft um aufzustehen
zu arbeiten, zu entschlafen sanft in
weicher umhüllung, zurückgezogen
in mein schneckenhaus

schwarzer kreis

der mich umgibt mit elend und dreck
will das band, das mich fesselt zerreißen
ausbrechen aus dem trostlos grauen
leben und mich vom schmutz befreien

in türkisklares wasser eintauchen, die
schatten meiden, die sonne nicht, den
himmel sehen, weißes transparentes
leben und weitertreiben in die farbe

der blumenwiesen, in die welt des
lachens, des sprechens des guten, des
liebens, um göttlichkeit wieder zu
erkennen, im bunten leben, glücklich

welt (nicht die eigene)

dort, sich wohlfühlen, doch
nicht vollkommen, dort
wo die welt nicht die
eigene ist, dort, wo man
sich meist unbeheimatet
fremd fühlt, dort, wo sich
die traurigkeit wiederfindet
in der sehnsucht nach
einem zuhause, einem
zuhause der geborgenheit
einem zuhause derselben
sprache, einem zuhause
der menschen, die auf
begrenztem raum
zwischen den bergen
leben und sich mehr oder
weniger gut leiden können

liebe diesen blauen planeten

verlasse die landschaft
verabschiede mich mit dem
versprechen zurückzukehren
hätte viel dafür gegeben bleiben
zu können, wochen, tage bleiben
zu können, nicht heimkehren zu
müssen, menschen zu verlassen
sehe die landschaft
mit den augen der liebe, nicht
des hasses, blicke auf das land
auf seine menschen, auf alles
und sage: ich liebe es, ich liebe
es alles, ich liebe diesen blauen
planeten, ich liebe es zu leben

Örtliche bzw. zeitliche Entstehungsdaten der 25 Gedichte:

1   **flusslauf der dinge**, Meran (I), Ristorante Il Giardino, Passeggiata Lungo Passirio, 21.06.2013

2   **aus dem dunklen wald**, Innsbruck (A), Mitterweg, 01.05.2008

3   **traumgestalten**, Pfons (A), Römerweg, 18.09.2003

4   **kalten haus / warmen bett**, Pfons (A), Römerweg, 11.11.1999

5   **lust landschaft**, Zug zw. Innsbruck u. Pfons (A), 03.02.2001

6   **vor millionen von jahren**, Flugzeug über dem Wipptal bis Salzburg (A), 28.04.2010

7   **die poetischen akkus**, Banská Bystrica (SK), Reštaurácia Na Hornej Konci, Horná, 25.04.2007

8   **electric**, Thíra / Santoríni (GR), Villa Anemone, 14.09.1996

9   **camargue**, Saintes-Maries-de-la-Mer, Avenue d'Arles und Autobahn zwischen Mâcon und Beaune (F), 06.-07.11.2005

10   **strandgut**, Rámos / Sérifos (GR), Karávi-Bucht, 18.09.1996

11   **subaru**, Tínos-Stadt / Tínos (GR), 07.-08.08.2003

12   **olivenbäume**, Orthoniés / Zákinthos (GR), Kloster Panajía Spiliótissa, 30.08.1995

13   **von freiheit**, Kerí / Zákinthos (GR), 03.09.1995

14   **bekenntnisse der lebendigkeit**, Innsbruck (A), Mitterweg, 22.-23.01.2017

15   **sprachfetischismus**, Innsbruck (A), Dürerstraße, 21.05.2005

16   **dickicht meiner worte**, Differdange (L), Hotel Club Casino, Place du Marché, 13.02.2010

17   **nordlandwälder**, Zug zwischen Helsinki und Lahti (FIN), 29.04.2012

18   **vom einen ins andere**, Cavi di Lavagna (I), Spiaggia, 10.07.2008

19   **die ernüchterung**, Sánta María / Páros (GR), 13.08.2003

20   **quecksilber**, Oswiecim (PL), Hotel Glob, ulica Powstancóv Slaskich, 14.04.1995

21   **unschuld zurück**, Cavi di Lavagna (I), Spiaggia, 06.07.1998

22   einsiedlerkrebs im schneckenhaus, Pfons (A),
Römerweg, 19.08.1999

23   schwarzer kreis, Pfons (A), Römerweg, 13.09.1999

24   welt (nicht die eigene), Le Crotoy (F), Camping de la
Prairie, Rue de Mayocq, 11.08.2004

25   liebe diesen blauen planeten, Genova (I), Stazione
Principe, 31.07.1999

**Die angeführten Gedichte wurden in folgenden
Gedichtbänden veröffentlicht:**

-Nr. 14 exklusiv in: *25 Poems, Gedichte, Poèmes, Poesie, Poemas.
Zirl (A): Edition BAES 2017*

-Nr. 3 in: *jenseits von luxemburg. ein lyrischer roman als liebeserklärung
(auch) an das großherzlichkeitstum. Differdange (L): Kabes a Rascht
2015*

-Nr. 1, 6, 7, 16, 17, 20, 24 in: *500 polaroids einer reise durch europa.
Innsbruck (A): Verlag TAK 2015*

-Nr. 2, 15, 18 in: *fujyama hinter dächern. Ein Gedicht-Bild-Band.
Zirl (A): Edition BAES 2008*

-Nr. 9 in: *lyrik rocks. 2-3-4 rotzfreche Tracks. Innsbruck (A):
pyjamaguerilleros* 2007*

-Nr. 21, 25 in: *jahrzehnt ligurien. Italienische Reisen I. Kösching (D):
perspektivenverlag 2007*

-Nr. 8, 10, 11, 19 in: *suedesland. Zirl (A): Edition BAES 2007*

-Nr. 12, 13 in: *digitally remastered. Innsbruck (A): pyjamaguerilleros*
2006*

-Nr. 4, 22, 23 in: *365 tage (buch). Innsbruck (A): Verlag TAK 2005*

-Nr. 5 in: *splitternackt. Innsbruck (A): pyjamaguerilleros* 2001*

Biographie des Autors

Thomas Schafferer (geb. 1973), Poet und (Reise-)
Schriftsteller, mitreißender und berührender Live-
Performer, Konzept- und Multimediakünstler,
Maler, Verleger und Kreativkopf des Tiroler
Literaturmagazins Cognac & Biskotten
(www.cobi.at), 1. Arthur-Haidl-Preisträger der
Stadt Innsbruck 2004, Stürmer (seit der
Gründung 2006) im Österreichischen Autoren-
fußballnationalteam, Mitglied der GAV und der
IG Autorinnen Autoren Österreich. Unzählige
verschiedenartige, kleinere wie größere
Projekte, Publikationen (u.a. 12 Bücher),
Lesungen, Workshops, Auftritte oder Aus-
stellungen in Österreich und Europa. Lebt
v.a. in Innsbruck / Tirol.

Weitere Infos: www.schafferer.net

25
Poems
Gedichte
Poèmes
Poesie
Poemas

Préface

Bien que le monde qui nous entoure ait beau être
vaste, il existe, également en nous-mêmes, dans toute
son énorme grandeur et splendeur. Comme un
miroir de toutes les formes et de toutes les couleurs,
le monde intérieur des pensées et des sentiments se
révèle en parcourant le monde extérieur. Le langage
sensuel d'une vitalité concentrée de Thomas
Schafferer ne rend pas uniquement accessibles les
paysages variés mais également sensibles, voire à en
faire l'expérience. Son voyage lyrique de par le
monde provoque une plongée dans des profondeurs
intérieures insoupçonnées. Une perspective de
philosophie de la vie se présente et rend réflexibles
choses vues et expériences vécues.

Le 9 septembre 1992, l'auteur autrichien Thomas
Schafferer écrivit ses premiers poèmes, dans une
période de crise, après un été réchauffant, en
Ligurie (Italie). Depuis, en ont paru plusieurs
milliers, environ deux mille d'entre eux ont déjà été
publiés dans onze recueils de poésies chez divers
éditeurs. Pour son 25 ème anniversaire, j'ai donc
retenu 25 poèmes des œuvres poétiques de l'auteur
publiées jusqu'à présent, dans une nouvelle
composition thématique.

Les textes et leur choix effectué avec beaucoup
d'amour et de temps sont tenus dans leur intégralité
à la beauté, aux blessures et merveilles de la vie. Car
la vie ne cesse jamais de nous bercer dans le cours
des choses et de nous diriger vers des voies toujours
nouvelles : qu'elles soient intérieures ou extérieures.

Maria Schätzer
Directrice de la publication

(rivière) cours des choses

quand vais-je reprendre connaissance
dans les impasses poussiéreuses
du découragement dans la salle
mortuaire de l'absence de vie
qui vous fait frissonner
pour enfin, mes sens retrouvés
vaincre l'inconscience, la tarir
pour immerger, faire disparaître
les heures désespérantes
abrutissantes, dans des levers de
soleil rouge velours et refaire
enfin surface, dans la rivière, dans
le cours des choses

de la forêt sombre

dans le premier tiers de notre vie
sorti de la forêt sombre
lorsque la nuit a laissé
la nouvelle journée commencer
dans l'ombre de la lumière
là où les créatures monstrueuses
te fixaient, ricanaient
se moquaient de toi
ou bien te barbouillaient de miel
tout autour de la bouche
jusqu'à ce qu'elle colle
et que tu n'aies plus rien à dire
sur les prés désertiques de la
banlieue où l'arrivée a été dure
pour toi et pour nous

créatures de rêve

je suis cette créature de rêve
qui pénètre dans la chambre
quand déjà tu dors profondément
qui se presse contre toi
dans le lit chaud, qui t'embrasse
sur la joue et s'endort auprès
de toi

tu es cette créature de rêve
qui se lève tôt le matin, qui me
prend dans ses bras m'embrasse
qui quitte la chambre dans la
pénombre et me laisse éveillé
peu de temps avant que je
ne me rendorme

maison froide / lit chaud

du café froid dans une maison froide
dans un paysage froid, assumer le
passé, archiver les mots du passé
ranger les choses révolues, les
concrétiser, travailler le jour, le soir
la nuit jusqu'à ce que le matin se vide
délavé, sur un corps et le laisse
nettoyé dans un lit chaud avec un
cœur enflammé dans une vie
ensoleillée brûlante

envie paysage

et ai envie de contempler des paysages
de m'imaginer en pensées où et
pourquoi dans des forêts ont été bâtis
des murets dans des contrées sauvages
désertes, où les lignes de défense
secrètes se sont enfouies dans le sol
où se perdent les couloirs souterrains
du moyen âge où se dissimulent des
cavernes et des mines, dans des
forêts de conifères, sur des versants
escarpés, où dans les broussailles
des trésors sommeillent en secret

il y a des millions d'années

tranchants comme des dents de
requins, des dômes blancs
jurent le vert printanier plein
de sève des dernières journées
d'avril, avec la compréhension
que tout ceci sera toujours une
partie de mes origines, de mon
avenir présent, de mon présent
futur, parce qu'il a creusé en
moi des gorges profondes, il y
a des millions d'années

parfois il est bon de quitter des contrées
familières, pour animer des terres
nouvelles, pour titiller le monde avec
ses pensées pointues émotionnelles
de l'inspirer avec son propre badinage
délirant, réchauffer, explorer les
paysages, pour se recharger en énergie
pour remplir à nouveau les batteries
poétiques, par des rencontres, des
histoires, d'impressionnantes
sensations

electric

l'église devant la fenêtre dans le paysage
les chiens du voisinage se retrouvent la
nuit pour aboyer, étendue marron
habitations blanches, pylônes électriques
des ânes gravissent les routes, passent
des hommes se sont terrés dans des
cavernes sablonneuses, se sont murés
des lumières lointaines, proches, formes
cubiques, expérimental, le cheval seul
sur le champ aride résigné, en haut cité
blanche reliée, des murs, fins, clairement
structurés, buvons de l'eau française
glissons doucement dans l'état d'âme de
liberté, regardons des chapelles blanc
bleu quand nous nous réveillons
entourés de troncs marron réseaux de
câbles électriques, entre-temps des
aboiements dans des chants stridulants
quelque part

84 flamants roses en vol, 963 billions de grains
de sel blancheur hivernale, 12 mouches
dansant le flamenco, 45 taureaux corpulents
mâchonnant, 1 hibou, 6 caravanes mises en
pièces, 17 canards entrant dans l'eau, 605
ornithologues camouflés munis de jumelles
1 rat, 338 mouettes au regard mauvais, 19
chevaux badigeonnés en blanc, 5 hérons
tout maigres, 117840 roseaux qui balancent
2 crabes reposant sur le dos, 7 pies noir et
blanc qui sautillent, 543 millions de touffes
d'herbe gris marron, 1 âne, 3 faucons qui
planent, 407 billiards de gouttes d'eau qui
forment la mer, 1 mouche dans la voiture
et nous deux à côté dans le fossé

épaves

et respire le rivage profondément en moi
emplis mon intérieur de sentiments, de
couleurs, d'odeurs, aspire le rivage au
plus profond de moi-même, comble les
espaces d'impressions, d'images, de
moments, échange l'usagé avec l'inconnu
le nouveau, les vastes espaces, ranimant
renforçant, rafraîchissant l'intérieur par
l'extérieur par des ornements bien réels
emplis mon âme de couleurs, de
richesses, de diversité, comme la mer
absorbe tous les fleuves, toute vie, les
déchets, le monde, j'absorbe les terres
nouvelles, de nouveaux spectacles, de
nouveaux paysages, les recueille, les
collecte en moi et les copie, les retiens
jusqu'à ce qu'existant abondamment, ils
veulent s'échapper de moi comme la
mer dégage tant de choses, les dépose
sur ses rives laisse dériver tout cela hors
de moi vers de nouvelles côtes, le
façonne par des mots, des couleurs, des
abstractions, le laisse couler, baigner
sortir en ce monde, métamorphosé
affluer sur de nouveaux rivages, comme
la mer recueille devant ses plages ce
qu'on y a jeté, jusqu'à ce qu'à un
moment donné les vagues se retirent
il ne reste plus alors que les épaves

subaru

le médecin de tinos noie le grand
serpent et les rues de l'île sacrée
ne sont pas encore imprégnées
d'encens, envahie par les
pèlerins, quand l'exóbourgo
dans les nappes de brouillard
regarde par-delà des versants
colombiers et qu'un tape-cul
rouge traverse en cahotant le
paysage lunaire vers les
villages marmoréens par temps
de meltémi dans un paysage
sablonneux, bruni, étagé descend
vers pachiá ámmos, avec deux
personnes à bord qui lentement
lentement avancent vers le
bonheur à tâtons, tandis qu'éole
dieu du vent ne les lâche pas en
son pays natal, venant de
quelque part dans une mer
polluée par les bouteilles en
plastique

oliviers

des flancs de collines arrondis glissent l'un
dans l'autre la route empierrée déserte non
empruntée oliviers enracinés étroitement
soudés esprit très ancien recouvert de
feuilles reposant des racines dans la terre
glaise du maquis couleur rouille
estompent le paysage

murs de pierre entourant de très anciennes
ailes de monastère aboiements aux portes
en fer forgé des arcs plein cintre qui
montent vers le très saint doré

ciels recouvrent calme sur la douce
contrée figuiers entre des ruches bleuâtres
maisons en pierre de taille blanches plus
d'une grisâtre oliviers offrent une image
dégagée de la contrée l'intègrent dans des
unités harmonieuses mais des cyprès
effilés sont solitaires

de la liberté

la liberté d'esprit
que l'on entend
par voler loin
au-dessus de la
mer turquoise
bleu sombre
récifs blancs de
vagues liberté
la vérité et vivre

confessions de vie

des milliers et des milliers de poèmes
peindre, comme démastiquer des
images de moi-même, année après
année, décennies après décennies
faire goutter de la mer des souvenirs
esquisser des histoires inspirées par
la vie, transformer des impressions
les transfigurer en expressions
connaissances, témoignages
intelligibles à tous, qui avec le
temps, avec le temps, avec le temps
prendront peut-être de l'importance
et seront accrochés dans les galeries
dans les musées, que l'on ne pourra
plus ignorer, comme confessions de
la vie

fétichisme verbal

non structuré, frontal, ne faisant
un crochet que parfois, écrire
des textes plastiques, vivants
qui passionnent, qui portent en
eux des messages, des
ambiances, qui ne sont pas trop
tenus par le langage, le
fétichisme verbal, sans
fioriture agitent les pensées
les mondes des sentiments
directement du fin fond de
moi-même dans le monde
extérieur, dans les mondes
intérieurs d'autrui, sans détour
tout droit, au centre de la
pensée, au cœur des émotions

maquis de mes mots

ce à quoi je veux parvenir
saute aux yeux et est
évident à trouver entre les
lignes et dans les abîmes
tout au long de la
description du quotidien
sur les mamelons des
paysages, dans le maquis
de mes mots

forêts de pays du nord

bouleaux après conifères après broussailles
bouleaux après bouleaux après
bouleaux après bouleaux après bouleaux

bouleaux après conifères après broussailles
conifères après conifères après
conifères

bouleaux après conifères après broussailles
broussailles après broussailles après
broussailles après broussailles

bouleaux après conifères après broussailles
après étendues d'eaux, après roches érodées
après ciels

bouleaux après conifères après broussailles
après prairies, après champs, après terres
agricoles

il n'y a rien à dire de plus ou en faire des
vers, quand on traverse les forêts des pays
du nord et c'est bien comme ça

de l'un à l'autre

évolue
le changement
plus loin
ou en arrière
se passe
le changement
brusquement
il jette
par-dessus
bord tout ce
qui a existé
il s'écoule de
l'un à l'autre

la désillusion

et un jour ou l'autre
tout lieu perd de son
attrait tout paysage
son atmosphère
toute idylle sa
grâce et son
charme l'illusion
ses bases

mercure

les hommes sont beiges, blancs
chauves le pays noir mat
obscurci des cheminées les
fumées toxiques empestent
arrachent des êtres vivants
à l'état d'existence

l'horreur grise incite à la
résignation, car il manque
beaucoup de choses dans un
pays dans lequel des
conduites d'eau crachent du
mercure

retour à l'innocence

redonnez-moi l'innocence
de tout voir avec des
yeux clairs sans
l'arrière-goût amer
brûlant, seulement une
perception douce, placide
candide avec les yeux
les sens de la prime
jeunesse respectant le
normal, ne cherchant pas
ce qui suscite le gris
extrême, ne percevoir
que ce qui existe, le vivre
dans sa beauté du
moment, l'innocence
redonnez-la moi

bernard-l'ermite dans sa coquille

comme un bernard-l'ermite dans sa coquille
je suis couché, enveloppé dans un drap
crasseux, gras, usé, comme un week-end
dans sa douce légèreté ce moment semble
s'éteindre, en un rien de temps, l'après-midi
au beau milieu d'une semaine, quelqu'un
dit que la probabilité d'une averse ne se
situerait qu'entre vingt et trente pour cent
apparemment un été n'est plus un été
c'est un hiver, dors d'après-midi en
après-midi, quelques heures, car la nuit
on trouve le sommeil, seulement pour
cinq heures, plus de force en apparence
lessivé, plus de force pour sortir, pour
faire quelques pas dehors, crier à la face
du monde, que la force pour se lever,
pour travailler, pour rendre doucement
le dernier soupir dans une enveloppe
moelleuse, retiré dans ma coquille

cercle noir

qui m'entoure de misère et de boue
veux briser le lien qui m'attache
m'évader de la grisaille sinistre
vivre et me débarrasser de la saleté

plonger dans l'eau turquoise
limpide, éviter les ombres, pas le
soleil, voir le ciel, vie blanche
transparente, et progresser dans
la couleur

des prés fleuris, dans le monde du
rire, dans la parole du bien, de
l'amour pour redécouvrir la divinité
dans une vie haut en couleur, heureux

monde (pas le sien propre)

là, se sentir bien, mais pas totalement
là où le monde n'est pas le sien, là où
l'on se sent la plupart du temps sans
attache, étranger, là où la tristesse se
retrouve dans la nostalgie d'un chez
soi, d'un chez soi de la sécurité, d'un
chez soi de la même langue d'un
chez soi des hommes qui vivent dans
un espace limité entre les montagnes
et qui peuvent plus ou moins se
supporter

aime cette planète bleue

quitte le paysage, dis au revoir
avec la promesse de revenir
aurais beaucoup donné pour
pouvoir y rester, de ne pas
devoir revenir à la maison de
quitter des gens, vois le
paysage avec les yeux de
l'amour, non de la haine
regarde le pays, ses
habitants, regarde tout et dis
je l'aime, j'aime tout, j'aime
cette planète bleue, j'aime
vivre

Biographie de l'auteur

Thomas Schafferer (né en 1973), poète et écrivain (de voyage) performer live enthousiasmant et émouvant. Artiste de projets et multimédia, peintre, éditeur et tête créative du magazine littéraire tyrolien Cognac & Biskotten (www.cobi.at) 1er lauréat du prix Arthur-Haidl de la ville d'Innsbruck en 2004, attaquant (depuis la fondation en 2006) dans l'équipe de football nationale autrichienne des auteurs, membre de l'association des auteurs autrichiens GAV et de la communauté d'intérêts des auteures et auteurs d'Autriche. Innombrables projets variés de plus ou moins grande importance. Publications (entre autres 12 livres), lectures, ateliers, scènes et expositions en Autriche et en Europe. Vit principalement à Innsbruck / Tyrol.

Plus d'information: www.schafferer.net

25

Poems
Gedichte
Poèmes
Poesie
Poemas

Prefazione

Il mondo – pur essendo grande – o per quanto grande voglia essere, esiste in noi con tutta la sua grandezza e il suo splendore. Come uno specchio di forme e colori il mondo dei pensieri e dei sentimenti si rivela viaggiando dell'esterno. La lingua sensuale di Thomas Schafferer – di una vitalità concentrata – non solo ci fa percorrere paesaggi multiformi, bensì riesce anche a farceli vivere e sentire. Il suo viaggio lirico per il mondo riesce a immergersi in profondità inimmaginabili. Una prospettiva filosofica di vita si apre per riflettere sull'accaduto e sul vissuto.

Il 9 settembre del 1992, dopo una calda estate trascorsa in Liguria durante un periodo di crisi, lo scrittore austriaco Thomas Schafferer ha cominciato a scrivere le sue prime poesie. Da allora ne sono nate alcune migliaia, di cui circa duemila sono già apparse in undici raccolte di poesie presso varie case editrici. Per il venticinquesimo compleanno ho scelto venticinque componimenti di nuovo combinato tematicamente.

La scelta dei testi – la quale ha richiesto tempo e dedizione – sono tutti legati alla bellezza, alle ferite e ai miracoli della vita. Poiché la vita non cessa mai di cullarci nell'andamento delle cose e farci esplorare nuove vie – interiormente ed esteriormente.

Maria Schätzer
Curatrice

flusso delle cose

quando riprenderò coscienza
nei vicoli ciechi polverosi
dello scoraggiamento, nella
camera mortuaria gelida
della assenza di vita, per
finalmente desto, abbattere
lo svilimento, lasciarlo
esaurire, affondare il dolore
le ore desolate, insulse
all'alba color rosso velluto
facendole precipitare
e riemergere finalmente nel
flusso delle cose

dalla selva oscura

nell'arco dei primi trent'anni
della nostra vita, uscito dalla
foresta oscura, quando la
notte cedette, in penombra
il posto al nuovo giorno
dove le figure mostruose ti
fissavano e sghignazzavano
ti deridevano, ti
cospargevano di miele la
bocca, fino alla nausea
e non avevi più niente da
dire, sui prati aridi della
periferia, dove duro fu
l'atterraggio, per te
e per noi

figure del sogno

sono quella figura del sogno
che entra nella camera, quando
dormi profondamente, che si
struscia a te nel calore del
letto, che ti bacia sulla
guancia e s'addormenta
accanto a te

tu sei quella figura del sogno
che si alza prestissimo, che
mi abbraccia, mi bacia, che
esce dalla camera
semilluminata e mi lascia
sveglio per un attimo, prima
di riaddormentarmi

casa fredda / letto caldo

caffè freddo in una casa fredda in un freddo
paesaggio, rielaborare il passato, archiviare
parole passate, sistemare il passato, poterlo
attaccare, lavorare il giorno, la sera, la notte
finché la mattina si svuota d'acqua su un
corpo, lasciandolo pulito in un letto caldo
con un cuore ardente in una vita di sole
infiammata

voglia (…) paessaggio

e ho voglia di guardare il paessaggio
immaginarmi dove nei boschi e
perché i muretti vennero costruiti
in selvaggi luoghi isolati, dove
le segrete linee di difesa si erano
nascoste nel suolo, dove corrono
i cunicoli medievali, dove si
nascondono caverne e miniere, in
fitti boschi di conifere, su ripidi
pendii montani, dove sotto i
cespugli dormicchiano nascosti
i tesori

milioni di anni fa

i bianchi pendii montani si mordono
come i denti aguzzi degli squali
dall'intenso verde primaverile
degli ultimi giorni di aprile nel
tentativo di capire che tutto ciò
apparterrà sempre alle mie origini
al mio futuro presente, al mio
presente futuro, poiché gole
profonde si sono aperte in me
milioni di anni fa

le batterie poetiche

qualche volta è bene andarsene
da luoghi conosciuti, per
animare un posto nuovo
solleticare il mondo con
emozionanti punte di pensieri
ispirarlo coi propri pensieri
bislacchi, riscaldare i paesaggi
esplorarli per ricaricare
energeticamente, riempire
le batterie poetiche con
incontri, storie e superbe
impressioni sensoriali

electric

la chiesa davanti alla finestra immersa nel
paessaggio, i cani dei vicini s'incontrano
per l'abbaio notturno, vastità marrone
abitazioni bianche, tralicci elettrici, asini
che oltre a salire per le strade lassù,
vanno oltre, uomini nascosti in caverne
sabbiose, rinchiusi, luci lontane, vicine
forme cubiche, in via sperimentale, il
cavallo solo sull'arido campo
rassegnatamente, in alto la città di
case bianche tra loro vicine muri, fragili
chiarezza strutturata, beviamo acqua
francese, scorriamo delicatamente nella
libertà dell'anima, guardiamo cappelle
bianco-azzurre, quando ci svegliamo
siamo circondati di tronchi marroni, reti
di cavi elettrici, nel mezzo abbai di cani
nel continuo frinire delle cicale da
qualche parte

84 fenicotteri rosa in volo, 963 bilioni di
grani di sale bianco d'inverno, 12
mosche danzanti il flamenco, 45 tori
corpulenti, ruminanti, 1 gufo, 6 roulotte
cannibalizzate, 17 anatre scorrazzanti
nell'aqcua, 605 ornitologi camuffati coi
binocoli in mano, 1 ratto, 338 gabbiani
dallo sguardo sinistro, 19 cavalli
imbiancati, 5 aironi magri come un fuso
117840 fili di canna ondulanti, 2 cancri
sdraiati sulla schiena, 7 gazze color
bianconero saltellanti, 543 milioni di
ciuffi d'erba grigio-bruni, 1 asino, 3
falchi naviganti, 407 quadrilioni di
gocce d'acqua che formano il mare
1 mosca nella macchina e noi due
accanto nel fosso della strada

relitti portati a riva

e inspiro la terra profondamente, mi riempio
di sentimenti, colori, odori, inalo il paese
fino in fondo, riempio spazi di impressioni
immagini, momenti, scambio il consunto con
lo sconosciuto, nuovo, ampio, l'interno con
l'esterno, con ornamenti reali, eccitante
fortificante, rinfrescante, riempio la mia
anima di colori, ricchezza, moltitudine, come
il mare raccoglie fiumi, vite, immondizie
che il mondo accoglie, io faccio mie terre
inesplorate, nuove vedute, nuove
prospettive, le colleziono in me, le
ammucchio e le moltiplico, le sbarro finché
così piene fuggono da me, come il mare
restituisce tanto, rigetta molte cose a riva
io lascio che tutto esca da me e approdi a
nuove rive, lascio scorrere e depositare in
parole, colori, immagini astratte, straripare
modificato nel mondo, fluttuare verso nuove
rive, come il mare colleziona le immondizie
finché prima o poi le onde si ritirano
e restano solo i detriti, i relitti portati a riva

subaru

il medico di tínos affoga
il grande serpente e le
strade dell'isola santa
non sono ancora
ingravidate d'incenso
e di pellegrini, nubi di
nebbia quando
exóbourgo guarda su
pendii con torri
popolati di colombe
e un carro di latta rossa
sobbalza nel
paessaggio lunare
fino ai paesi di marmo
ai tempi dei meltémi
nel paessaggio sabbioso
terrazzato, color bruno
dorato, giù fino a
pachiá ámmos, con due
persone a bordo, che
piano piano tentano la
felicità mentre aíolos
il dio del vento gli sta
addosso sulla sua isola
patria da qualche parte
nel mare colmo di
bottiglie di plastica

olivi

tondeggianti le pendici delle colline
avanzano l'una nell'altra
la strada solitaria ricoperta di ghiaia
senza traffico
olivo multiramificato ben radicato
spirito vecchissimo
foglie che dormono accorte
radici nella macchia
color ruggine ricoprono il terreno
mura in pietra attorno a conventi
antichissimi
abbai di cani ai portoni di ferro
battuto
archi tondi che conducono d'oro
al santissimo
cieli coprono di calma il paese
tranquillo
fichi tra arnie bluastre
case bianche squadrate alcune
grigiastre
olivi palesano l'immagine del
paessaggio
confezionandolo in armoniche
unità
mentre piante di cipresso a punta
appaiono solitarie

della libertà

libertà intesa
dello spirito
che sovrasta
il turchese
scogli
ondulati
bianchi e
blu scuro
libertà come
verità e vita

confessioni di vitalità

pennellare migliaia, parecchie migliaia
di poesie, spatolarle da me come
quadri, anno per anno, farle
gocciolare decennio per decennio dal
mare dei ricordi, schizzare storie di
vita, trasformare impressioni
artificiarle in espressioni, conoscenze
testimonianze in generale, che col
tempo col tempo e col tempo
otterrano magari importanza e
finiranno appese nelle gallerie, nei
musei, non più ignorabili, come
confessioni di vitalità

feticcio linguistico

non costruito, frontale, andando
di rado a zig zag, scrivere testi
plastici, vivaci, emozionanti
portatori di messaggi, stati
d'animo, che non devono
troppo alla lingua, al feticcio
linguistico, senza fronzoli
i pensieri che muovono
i mondi delle sensazioni
direttamente da me al mondo
esterno, nel mondo interiore
degli altri, senz'allungare la
strada, diritto verso il centro
dei pensieri, diretto al cuore
delle emozioni

boscaglia delle mie parole

quello che voglio dire
è ovvio e chiaro tra
le righe, si trova
negli abissi
lungo le descrizioni
della vita di tutti i
giorni, sulle creste
dei paessaggi, nella
boscaglia delle mie
parole

selve di paesi settentrionali

betulla per conifera per fratta
betulla per betulla per betulla
per betulla per betulla

betulla per conifera per fratta
conifera per conifera per
conifera

betulla per conifera per fratta
fratta per fratta per fratta per
fratta

betulla per conifera per fratta
per acqua, per roccia levigata
per cielo

betulla per conifera per fratta
per prati, per terreni, per
campi

non c'è più molto da dire o
da poetare, se si va per le
selve di paesi settentrionali

e va bene così
com'è

dall'uno all'altro

si sviluppa
il cambiamento
in avanti o
indietro
avviene
il cambiamento
all'improvviso
getta in mare
tutto ciò
che è stato
o scorre
dall'uno
all'altro

disinganno

e prima o poi ogni luogo perde
la sua attrattività, ogni
paessaggio la sua atmosfera
ogni idillio la sua grazia e il
suo fascino, l'illusione perde
il suo fondamento

mercurio

gli uomini sono beige, bianchi, calvi
il paese avvolto nel buio pesto
dalle ciminiere il veleno puzza ed
estrae esseri viventi dal loro stato

il grigiore porta la rassegnazione
perché manca tanto, in un paese
nel quale il mercurio tossisce
dagli acquedotti

l'innocenza (ridatemela)

ridatemi l'innocenza di vedere
tutto con occhi limpidi, senza
il retrogusto amaro, ardente
sentire solo mitezza, lieve
dolcezza con gli occhi, con i
sensi della prima gioventù
tenere alla normalità, senza
cercare ciò che stimola il
grigio estremo, accorgersi
solo di quello che c'è, vivere
nella sua momentanea
bellezza, l'innocenza
ridatemela

paguro in guscio di lumaca

come un paguro nel suo guscio
sto avvolto in un lenzuolo
lardoso, unto, logorato
questo momento sembra
come un fine settimana nella
sua dolce leggerezza, assopirsi
spirando, dormire, il
pomeriggio, nel mezzo di una
settimana, qualcuno dice
che la probabilità di un diluvio
è solo del venti e trenta
percento, un estate che
apparentemente non è più
estate, è inverno, dormo di
pomeriggio in pomeriggio
qualche ora, perché la notte
si dorme, solo cinque ore
apparentemente senza forza
sfinito nemmeno la forza per
uscire, per andare avanti, per
gridare al mondo, c'è solo
la forza per alzarmi e lavorare
addormentarmi nel morbido
involucro, rinchiuso nel mio
guscio di lumaca

cerchio nero

che mi circonda di miseria e lordura
voglio strappare il nastro che mi
incatena, staccarmi dalla vita grigia
desolante e liberarmi dalla sporcizia

tuffarmi nell'acqua chiara e turchese
evitare le ombre, non il sole
guardare il cielo, la trasparenza
bianca, vivere e lasciarsi trascinare
avanti, nel colore

dei prati dei fiori, nel mondo del
sorriso, delle belle parole,
dell'amare, per riconoscere la
divinità nella vita a colori, felice

mondo (non il proprio)

lì, si sente bene, ma
non completamente
lì, dove il mondo
non è il proprio, lì
dove perlopiù non
ci si sente a casa
ci si sente straniero
lì, dove dimora la
tristezza nella
nostalgia di casa
di una patria sicura
una patria con la
stessa lingua, una
patria degli uomini
che vivono su uno
spazio limitato tra
le montagne e si
tollerano alla meno
peggio

amo questo pianeta blu

lascio il paessaggio, mi congedo
con la promessa di ritornare
avrei dato molto per poter
rimanere, poter rimanere
settimane, giorni, non dover
rincasare, lasciare persone
guardo il paessaggio con gli
occhi dell'amore, non quelli
dell'odio, guardo il paese, la
sua gente, guardo tutto e
dico: lo amo, lo amo tutto
amo questo pianeta blu
amo vivere

Biografia dell'autore

Thomas Schafferer (nato nel 1973), poeta e scrittore (di viaggio), live-performer entusiasmante ed emozionante, artista di concetto e multimedial, pittore, editore e responsabile creativo della rivista letteraria tirolese Cognac & Biskotten (www.cobi.at), primo vincitore del premio Arthur-Haidl della città di Innsbruck nel 2004, attaccante nella nazionale austriaca di calcio degli scrittori (dalla fondazione nel 2006), socio delle associazioni austriache di autori GAV e IG Autorinnen Autoren Österreich. Numerosi e vari progetti, piccoli e grandi, pubblicazioni (tra cui 12 libri), letture, workshop, comparse e mostre in Austria e in Europa. Vive soprattutto a Innsbruck / Tirol.

Più informazioni: www.schafferer.net

25

Poems
Gedichte
Poèmes
Poesie
Poemas

Prefacio

No importa lo extenso que sea el mundo que nos rodea, toda su gran inmensidad y esplendor, existe también dentro de nosotros. Como un espejo en el que se reflejan todas las formas y colores, el mundo interno de los pensamientos y sentimientos se refleja igualmente hacia afuera, hacia nuestra exploración de lo externo. El lenguaje sensorial de gran vivacidad de Thomas Schafferer hace los variados paisajes, no solo transitables sino también experimentables, vivibles. Su viaje lírico por el mundo proporciona una inmersión en profundidades internas insospechadas. En sus obras surge una perspectiva filosófica de la vida que permite a una reflexión de lo visto y lo vivido.

El 9 de septiembre de 1992 tras un caluroso verano en Liguria (Italia) el autor austríaco Thomas Schafferer escribe su primer poema, en un periodo de crisis. Desde entonces ha escrito muchos poemas más, alrededor de dos mil, publicados en once volúmenes en diferentes editoriales. Para conmemorar el 25 aniversario he seleccionado 25 de los poemas hasta ahora publicados y los he agrupado nuevamente.

En los textos y la elección de los mismos, a la que he dedicado mucho tiempo y amor, reinan en su conjunto la belleza, las heridas y maravillas de la vida. Porque la vida nunca cesa de agitarnos en el curso de las cosas, ni de conducirnos por nuevos caminos – sean internos o externos.

Maria Schätzer
Editora

el curso de las cosas

cuándo recobraré el juicio en los
polvorientos callejones sin
salida del desaliento, en las
heladas morgues de la inercia
para por fín consciente, vencer
la inconsciencia, dejarme
vencer, dejarme vencer para
enterrar el dolor, para enterrar
las horas indiferentes y
desoladas, en amaneceres de
terciopelo rojo, dejarlas
naufragar, dejarme naufragar
para emerger de nuevo, para
emerger por fín, en el curso
de las cosas

del bosque oscuro

salimos de aquel bosque oscuro
en el primer tercio de nuestra
vida, cuando la noche da paso
a un nuevo día, a la sombra de
la luz, donde monstruosas
criaturas engañosas y burlonas
te miraban fijamente y sonreían
con malicia, enjabonaron tu
boca con miel, los labios, hasta
que enmudecieras, hasta
dejarte indefenso sobre la
pradera desnuda de la periferia
donde el aterrizaje es duro
para ti y para nosotros

de sueños

yo soy ese ser
que entra en la habitación
cuando duermes
profundamente, que te
abraza en la cama caliente
que te besa las mejillas
y se duerme a tu lado

tú eres ese ser
que madruga y me abraza
me besa, me deja
despierto en los
clarooscuros del
dormitorio, hasta que
vuelva a dormir

casa fría / cama caliente

café frío en una casa fría en un paisaje
frío, acabar con el pasado, archivar
palabras pasadas, guardar lo pasado
hacerlo impugnable, trabajar día y
noche hasta que el mañana, acuoso
se vacíe sobre un cuerpo, dejándolo
limpio en una cama caliente con el
corazón ardiendo al sol de la vida
misma

paisaje de en-sueño

y sueño con contemplar el paisaje
imaginarme dónde y por qué
se irguieron muros en la
naturaleza salvaje y solitaria
dónde se ocultan las trincheras
secretas en el suelo, por dónde
transcurren los pasadizos
medievales, dónde se esconden
cuevas y ruinas en espesos
pinares, en empinadas laderas
donde, entre la maleza, tesoros
ocultos esperan

hace millones de años

afiladas como dientes de tiburón
muerden de las crestas blancas
por jugosos verdes primaverales
de finales de abril hasta el
entender que esto siempre será
parte de mi origen, de mi
presente futuro, de mi futuro
presente, pues me surcó, me
erosionó, hace millones de años

a veces conviene abandonar los
lugares conocidos, para
cosquillar el mundo con
emociones, picos de
pensamientos, para inspirarlo
con descabelladas ocurrencias
para llenar de vida los paisajes
explorarlos y electrizarlos
para cargar las baterías
poéticas con encuentros e
historias, con impresiones y
sensaciones

electric

desde la ventana se pierde la iglesia en el
paisaje, los perros vecinos se encuentran
a ladrar por la noche, maron vastedad
blancos tejados, postes electrificados
los burros suben las calles cuesta arriba
dejándo todo atrás, la gente se oculta en
sus cuevas de arena, luces cercanas
lejanas, formas cúbicas, experimental
el caballo solitario resignado al terreno
baldío, en lo alto se conecta la blanca
ciudad, de muros, frágil, estructurada la
claridad, bebiendo agua francesa,
deslizándose suavemente por ese
apacible sentimiento de libertad
observando las capillas color cielo
cuando, por fin, despertamos rodeados
de troncos castaños, redes de cable
eléctrico y en mitad de todo, ladridos de
perros aquí y allá, en medio del chirriar
de las cigarras de algún lugar

84 flamencos rosados volando, 963
billones de nevados granos de sal
12 moscas bailando flamenco, 45
toros obesos manducando, 1
lechuza, 6 caravanas desguazadas
17 patos pateando el agua, 605
ornitólogos camuflados con
prismáticos, 1 rata, 338 gaviotas
echando mal de ojo, 19 caballos
encalados, 5 garzas anoréxicas
117840 cañas de río oscilando, 2
cangrejos tumbados bocarriba, 7
urracas en blanco y negro dando
saltitos, 543 millones de
matorrales secos, 1 burro, 3
halcones planeando, 40700
billones de gotas de agua
formando el mar, 1 mosquito en
el coche, tocando la trompeta, y
nosotros, al lado, en la cuneta

lo que deja el mar

y respiro el mundo profundamente, me
relleno de sentimientos, colores, olores
absorbo el mundo profundamente
lleno vacíos con impresiones
imágenes, momentos, cambio lo
agotado por lo desconocido, nuevo
amplio, lo interior por lo exterior, con
adorno real, estimulante, fortalecedor
refrescante, rellene mi alma de colores
de riqueza, de variedad, como en el
mar se encuentran todos los ríos, vidas
y deshechos del mundo, en mí se topan
nuevas tierras, horizontes y
perspectivas, que reúno, guardo
amplío y acumulo hasta que se
derraman, como el mar los deja en sus
orillas, dejo yo que floten hacia nuevas
playas, que sigan fluyendo hacia
nuevas palabras, colores, formas
abstractas, que sigan partiendo
arribando, que, diferentes, salgan al
mundo, a nuevas orillas, como el mar
todo lo arrastra hacia sus orillas, hasta
que, al final, las olas se van y no queda
más que lo que deja el mar

el médico de tínos ahoga a la gran
serpiente y las calles de la
sagrada isla, no están todavía
embarrazadas, ni de incienso, ni
de peregrinos, cuando la niebla
de exóbourgo se desliza sobre
las colinas colmadas de
palomares y un rojo carromato
traquetea por el paisaje lunar
hacia los pueblos marmóreos
en la época del méltemi, por las
bronceadas terrazas de la costa
bajando hacia pachiá ámmos
con dos personas a bordo que
a tientas, van tocando poco a
poco la felicidad, mientras que
aíolos el dios del viento los
sigue muy de cerca desde su isla
en alguna parte del mar
plagado de botellas de plástico

olivos

colinas redondeadas se funden entre sí
camino de grava vacío y sólo, olivo
arraigado con fuerza, descansando su
vetusto espíritu cubierto de hojas, sus
raíces, en las tierras de la maquia, de
color pardusco oxidado, barren la
tierra

muros de piedra abrazan ancianos
monasterios, ladrido de perros en
los portales de hierro forjado, arcos
redondos se alzan hasta el más
sagrado dorado

cielos esparcen calma sobre el paisaje
suave, higueras entre las azuladas
colmenas, casas blancas empedradas
algunas grisáceas, los olivos
armonizan el escenario, lo ordenan
en unidades armónicas, pero los
cipreses van por libre

libertad del espíritu
que vuela más allá
del turquesa, de
acantilados de olas
blancas y azul
oscuro, libertad
la verdad y la vida

confesiones de vivacidad

pintar miles, miles de poemas desde
mi interior, como imágenes
modeladas año tras año, década
tras década, dejar que gotee el mar
de los recuerdos, esbozar de la vida
historias, transformar sensaciones
convertirlas en expresiones
conocimientos, testimonios
universales, que quizá, con el paso
del tiempo y el tiempo y el tiempo
ganen significado, y cuelguen en
las galerías y museos, y sean
inevitables, como confesiones de
vivacidad

fetichismo del lenguaje

no construido, directo, sólo a veces
esquivo, escribir textos plásticos
vivos, que emocionan, que
transmiten mensajes, estados de
ánimo, sin tanta obligación, sin el
corsé del fetichismo del lenguaje
sin adornos suscitar pensamientos
mundos de impresiones, desde mi
interior directos hacia el mundo
exterior, hacia el mundo interior
de los demás, sin rodeos, todo
recto, hacia el centro del
pensamiento, hasta el fondo de las
emociones

maleza de mis palabras

lo que quiero decir
se encuentra clara
y evidentemente
entre líneas, en el
abismo, en la
descripción de lo
prosaico, en las
cumbres de los
paisajes, en la
maleza de mis
palabras

bosques de los países septentrionales

abedul y pino y maleza
abedul y abedul y
abedul y abedul

abedul y pino y maleza
pino y pino y pino y
pino

abedul y pino y maleza
maleza y maleza y
maleza y maleza

abedul y pino y maleza
y agua y roca erosionada
y cielo

abedul y pino y maleza
y pradera y campos y
tierra

nada más se puede
contar, ni versar al
respecto de viaje

por los bosques de
los países
septentrionales

y está bien así
tal como es

de lo uno a lo otro

se produce el cambio
hacia adelante o
hacia atrás, ocurre
de pronto, deja lo
ocurrido atrás o
fluye de lo uno
a lo otro

la desilusión

y en algún momento
pierde todo lugar su
atractivo, todo
paisaje su atmósfera
todo idilio su
dulzura y su encanto
pierde la ilusión su
fundamento

mercurio

las personas son beige, blancas, deshojadas
la tierra nublada de un negro tosco, el
veneno sale, maloliente, de las chimeneas
arrancando a los seres de su estado de vivos
ante el gris horror sólo queda la resignación
y es que todo falta en una tierra, donde las
tuberías de agua tosen mercurio

la inocencia (devuélvemela)

devuélveme la inocencia
el ver todo con ojos
puros, sin ese amargo y
ardiente resabio, sólo
percibir lo suave, dulce
con los ojos, con los
sentidos de la juventud
temprana, observando
tranquilamente, sin
buscar, algo que chirríe
sólo percibir lo existente
en su belleza
momentánea, la
inocencia
devuélvemela

cangrejo ermitaño en concha de caracol

como cangrejo ermitaño en su concha
tumbado, envuelto en una sábana
mugrienta y raída, se me antoja este
momento un fin de semana, en su
suave facilidad, dormir y perecer en
el fuerte, por la tarde, a mitad de
semana, alguien dice que la
probabilidad de chubasco oscila, sólo
entre el veinte y treinta por ciento
aparentemente el verano ya no es
verano, sino invierno, duermo de
tarde en tarde, pocas horas, luego
llega el sueño en la noche, apenas
cinco horas, creo que no me quedan
fuerzas, agotado, no tengo fuerzas
para salir, para salir a caminar, para
gritar al mundo, sólo alcanzo a
levantarme para trabajar, para dormir
y perecer suavemente en una dulce
envoltura, en mi concha de caracol

círculo negro

que me rodea de mugre y miseria
quiero desgarrar la cuerda que
me ata, salir de esta vida
desoladora y gris, y liberarme de
la inmundicia

sumergirme en el agua turquesa
claro, rehuir las sombras, no el
sol, ver el cielo, vivir de color
blanco trasparente y avanzar
hacia los colores

de los prados de flores, en el
mundo de la risa, del hablar, de
lo bueno, del amor, volver a
notar la divinidad, en la vida
colorida, feliz

mundo (no el mío)

allá, sentirse bien, pero no del todo
allá, donde el mundo no es el mío
allá, donde uno se siente ajeno
extraño, allá, donde la tristeza se
encuentra, con la añoranza de un
hogar, de un hogar que da
seguridad, de un hogar del mismo
idioma, de un hogar de la gente
que vive en un recinto limitado
entre las montañas y se soportan
entre sí, a veces más, a veces
menos

amo este planeta azul

dejo el paisaje, me despido con
la promesa de volver, daría
tanto por poder quedarme,
por poder quedarme semanas
días, no tener que regresar,
que dejar a la gente
contemplo el paisaje
enamorado, no con odio
observo el paisaje, sus gentes
todo, y digo: lo amo, lo amo
todo, amo este planeta azul,
amo vivir

Biografía del autor

Thomas Schafferer, nacido en 1973. Poeta y escritor (de viajes), apasionado y emocionante lector en vivo, artista conceptual y multimedia, pintor, editor y cabeza creativa de la revista literaria tirolesa Cognac & Biskotten (www.cobi.at), ganador del primer premio Artur-Haidl en Innsbruck en 2004, delantero del equipo austriaco de fútbol nacional de autores (desde su creación en 2006), miembro de las sociedades de autores austriacos GAV e IG Autorinnen Autoren Österreich. Forma parte de incontables proyectos de diferentes tipos, tanto pequeños como grandes, publicaciones (12 libros, entre otras), lecturas, talleres, actuaciones y exposiciones tanto en Austria como en el resto de Europa. Vive en Innsbruck / Tirol, casi siempre.

Más información: www.schafferer.net

Ein großes Dankeschön für die Arbeit an diesem Buch geht an:

Maria Schätzer
(Herausgeberin)

Carmen Drixler
(Englisch-Übersetzerin)

Hervé Allenou
(Französisch-Übersetzer)

Nicola Camillo Menna
(Italienisch-Übersetzer)

Wolfgang Nöckler
(Italienisch-Übersetzer)

Irene Jiménez Alonso
(Spanisch-Übersetzerin)

Vor allem gewidmet meiner
wunderbaren Familie sowie
all den herzlichen Menschen
und großzügigen Institutionen,
die mich bisher auf meinem
Weg begleitet und unterstützt
haben.

Die Publikation dieses Gedichtbandes wurde unterstützt und gefördert von

BUNDESKANZLERAMT ÖSTERREICH

KUNST